210 19 Avril 1865

(210e)

CATALOGUE

DE

DESSINS ANCIENS

DE TOUTES LES ÉCOLES

DONT LA VENTE AURA LIEU

HOTEL DES COMMISSAIRES-PRISEURS

Rue Drouot, nº 5

(SALLE Nº 6)

Le Mercredi 19 Avril 1865

A UNE HEURE

EXPOSITION PUBLIQUE AVANT LA VENTE

Me **DELBERGUE-CORMONT**, Commissaire-Priseur,
rue de Provence, 8,

Assisté de **M. VIGNÈRES**, expert, marchand d'Estampes,
Rue de la Monnaie, 13, à l'entresol, entrée rue Baillet, 1,

CHEZ LESQUELS SE DISTRIBUE LE PRÉSENT CATALOGUE

PARIS — 1865

10

RENOU ET MAULDE

IMPRIMEURS DE LA COMPAGNIE DES COMMISSAIRES-PRISEURS

Rue de Rivoli, 144

(210e)

CATALOGUE

DE

DESSINS ANCIENS

DE TOUTES LES ÉCOLES

DONT LA VENTE AURA LIEU

HOTEL DES COMMISSAIRES-PRISEURS

Rue Drouot, n° 5

(SALLE N° 6)

Le Mercredi 19 Avril 1865

A DEUX HEURES PRÉCISES

EXPOSITION PUBLIQUE

Avant la Vente, de midi à deux heures.

Me **DELBERGUE-CORMONT**, Commissaire-Priseur,
rue de Provence, 8,

Assisté de **M. VIGNÈRES**, expert, marchand d'Estampes,
Rue de la Monnaie, 13, à l'entresol, entrée rue Baillet, 1,

CHEZ LESQUELS SE DISTRIBUE LE PRÉSENT CATALOGUE

PARIS — 1865

CONDITIONS DE LA VENTE

Elle sera faite au comptant.

Les Acquéreurs paieront CINQ pour CENT en sus du prix d'adjudication, applicables aux frais.

L'ordre du Catalogue sera suivi.

Les attributions de l'amateur ont été conservées.

DÉSIGNATION

DES DESSINS

1 — Delarue — Canta Gallina. — Rivaltz. — Cl. Vignon. — Duflos, etc. 8 dessins.

2 — Grimaldi (*le Bolognèse*). — Rombouts. — Van Ingen. — Galiari, etc. 8 dessins.

3 — A. Carrache. — Veirotter. — Drouet. — P. Farinati. — Demarne. — Thibault. 12 dessins.

4 — Le Mutien. — B. Picart. — Perino del Vaga. — Parrocel. — Lafage. — Van Falens. 6 dessins.

5 — Van der Meer. — Dietricy. — Van Dyck, etc. 6 dessins.

6 — Barbieri (*Le Guerchin*). — Trevisani. — Zampieri (*le Dominiquin*). 5 dessins.

7 — L. Cambiaso (*le Cangiage*). — Zanetti. — Sneyers. — F. Mola. — Guido Reni, etc. 6 dessins.

8 — C. Procaccini. — J. Palma. — P. Battoni. — Benedette Castiglione. — E. Lesueur. 5 dessins.

9 — Carle Maratte. — P. Testa. — Salvator Rosa. — Parigi (maître de Callot). 4 dessins.

10 — Pannini. — Passignano. — A. Sacchi, etc. 5 dessins.

11 — Gauli (*le Bachiche*). — Michel Corneille. — P. Testa. — Goltzius. 5 dessins.

12 — Verdoom. — Van der Heyden. — Parrocel. — Le Rosso. — Pugliesi, etc. 6 dessins.

13 — Bibiena. — J. Romain. — Zuccaro. — Glauber. — Soufflot, etc. 12 dessins.

14 — Van Orley. — De Grave. — Naldini. — Galiari. — Boisselier. 5 dessins.

15 — Jean Steen. — Ph. de Champaigne. — Francisque Milé. — Bishop. — Asselyn. 5 dessins.

16 — Goltzius. — Manglard. — Chardin. — Fragonard. 4 dessins.

17 — B. Castelli. — H. Roos. — Moranda, etc. 4 dessins.

18 — Deheusch. — Ch. Delafosse. — Clérisseau, etc. 4 dessins.

19 — Barbiers (*Collection Hamal*). — Michel Corneille.— Cagnacci (*Collection Willenave*). 3 dessins.

20 — Largillière. — C. Procaccini (*Collection Vallardi*).— J. Moucheron. — S. Ricci. 5 dessins.

21 — Th. Rombouts. — A. Tempesta. — Peters. — P. Lecomte. 4 dessins.

22 — Rottenhamer. — B. Picart. — Moitte, etc. 6 dessins.

23 — Baldini. — Frate Angelo. — H. Roos, etc. 4 dessins.

24 — A. Van de Velde. — Fragonard. — Zanetti. — Restout. — Marlet. — Bouchardon. 8 dessins.

25 — Demarne. — Tiepolo. — Benedette Castiglione. — Ph. Roos, etc. 6 dessins.

26 — Hennequin. — Van Thulden. — J.-F. Baudouin. — A. Bloemaert. — B. Breemberg. 5 dessins.

27 — Leprince. — H. Verbrugghen. — Sisto. — Perignon. 5 dessins.

28 — Taunay. — Bertin. — Michaud — Romanelli. 5 dessins.

29 — S. Cantarini (*le Pésarèse*). — Le Josepin. — L. Carrache. — Lanfranc, etc. 6 dessins.

30 — DECAMPS. — ENFANTIN. — J. REDOUTÉ .... 4 dessins.

31 — PAJOU. — MOUCHET. — SASSO-FERRATO. — AUG. CARRACHE. — CIGOLI. 5 dessins.

32 — ROSELLI (*Collection Vallardi*). — GAUDENZIO FERRARI. — ANSELMI. — P. FARINATI. 5 dessins.

33 — J. DA PONTE (*le Bassan*). — BADALOCCI. — MAZZUOLI. — BARRÉ. 5 dessins.

34 — ROMANELLI. Sujets bibliques. 4 dessins.

35 — A. WATERLOO.— ASSELYN. — HARTMANN, etc. 6 dessins.

36 — BALDINI. — LE PRIMATICE. — RAZZI (*le Sodoma*) — CAMPAGNOLA. 4 dessins.

37 — KERCKHOF. — DUPLESSIS. — VAN GOYEN. — DUMESNIL. 4 dessins.

38 — F. KOBELL. — WEIROTTER. — LOUIS CARRACHE. — C. CIGNANI. — BERGHEM. 5 dessins.

39 — AVERCAMP. — BRANDT. — R. ZEEMANN. — ZAÏS. 4 dessins.

40 — SACHTLEVEN (Herman.) Vues des bords du Rhin. (*Collection Villenave*). Trois dessins à la pierre noire et au bistre.

41 — DE GRAVE. — GASSNER. Paysages à la plume et à l'encre de Chine. Trois dessins.

42 — JOSEPH VERNET. — CHARLET. — H. BELLANGÉ. Trois dessins à la pierre noire et à la sépia.

43 — VAN CLEEF. — DEMACHY. — J. WEENINX. Quatre dessins à la plume, lavés d'encre de Chine et d'aquarelle.

44 — WYNANTS. — B. BATTIONI. — APPIANI. Trois jolis dessins à la pierre noire et à l'encre de Chine.

45 — BRECKERVELD (1620). — BREEMBERG. — H. SACHTLEVEN. Quatre dessins à la plume.

46 — J. Ruysdael. — Sturmer (Jean). — Loutherburg. Trois dessins à l'encre de Chine et au bistre.

47 — Crespi (Joseph et ses frères). — Gauli. (*Le Bachiche.*) — Bertin (Nicolas). Trois dessins au bistre et à la sanguine.

48 — J. Esselens. — Appeldorn. Deux jolis paysages à l'aquarelle et à l'encre de Chine.

49 — P. Wouwermans. — Schootel. Deux jolis dessins à l'encre de Chine et à la sépia.

50 — Tony Johannot. — Biard. — Barré (sculpteur). Trois dessins à la plume et à la mine de plomb.

51 — Schnetz. — Carle Vernet. Deux dessins au bistre.

52 — Vien. — H. Rigaud. — Tocqué. Trois dessins à la pierre noire et à la sanguine.

53 — Bagnacavallo. — Sinibaldo Scorza. — Fra Bartholomeo. Trois dessins à la pierre d'Italie et au bistre.

54 — J.-B. Oudry. — Dietricy. Deux jolis dessins à la pierre noire.

55 — Solimène. — Tiepolo. — A. Carrache. Trois dessins à la pierre et au bistre.

56 — Le Josépin. joli dessin à la plume et à l'encre de Chine (*Collection Vallardi*).

57 — Jules Dupré. — Darjou. — Jacque. Trois dessins au crayon.

58 — Salimbeni. Jésus guérissant les malades. Joli dessin au bistre rehaussé de blanc. (*Collection Colin*).

59 — Demarne. — Moucheron. — Van Huysum. — Zuccaro. Quatre dessins à la plume et au bistre.

60 — J.-J. De Boissieu. Paysages. Trois jolis dessins à l'encre de Chine.

61 — Pannini. — Perino del Vaga. — Perignon. Quatre dessins à la plume et au bistre.

62 — Caresme. Nymphes et Naïades. Charmant dessin à l'encre de Chine. (*Collection Pausch.*)

63 — Bouton. — Lapito. Paysages. Intérieur. Trois jolis dessins à la sépia

64 — Hubert Robert.—Barbiers. – Baumgartner. Paysages. Trois dessins.

65 — Biscaïno. — Regters (1740). Deux dessins à l'encre de Chine et au bistre.

66 — G. Van Eckhout. Jésus et ses apôtres. Dessin au bistre et à l'encre de Chine. (*Collection Schmidt.*)

67 — F. Boucher. Deux jolis dessins à la pierre noire rehaussés de blanc.

68 — J.-B. Huet. Jeune fermière près d'une fontaine. Joli dessin à la plume et à l encre de Chine.

69 — Renoux. Girardet. Deux jolis paysages à la sépia.

70 — Puget (Pierre). Allégorie pour la façade d'une église. Beau dessin à la plume. (*Collection Hamal.*)

71 — Lantara. — Lallemand. Grottes et rochers au bord d'une rivière. — Marine. Deux jolis dessins à la pierre noire et à l'aquarelle.

72 — Drouais. Bacchus excitant des guerriers au combat. Beau dessin à l'encre de Chine rehaussé de blanc.

73 — Leprince. Soldats et femmes sur un char entouré de bestiaux. Joli dessin à la plume, lavé d'encre de Chine.

74 — Kobell (Henri). Paysage. Beau dessin à l'encre de Chine et à l'aquarelle. (*Collection Th. Witsen.*)

75 — A. Diepenbeeke. Mort d'une sainte. Dessin à la plume, lavé d'encre de Chine.

76 — A. Diepenbeeke. Martyre d'un évêque. Beau dessin à la plume et au bistre. (*Collection Van Goll.*)

77 — Crépin (1770). Marine. (*Collection lord Spencer.*) — Degotti. Entrée d'un ambassadeur turc aux Tuileries. Gouache.

78 — J.-B. Huet. La Blanchisseuse. Très-joli dessin à la plume et au bistre.

79 — Bibiena. Intérieur d'une église de Turin. Beau dessin à la plume, lavé d'encre de Chine. (*Collection Vallardi.*)

80 — A. Carrache. Écusson d'armoiries romaines. Dessin à la plume et au bistre.

81 — Salomon Ruysdael. Paysage. Joli dessin à la pierre noire, légèrement lavé de bistre.

82 — Meyer. Paysages. (*Die Reisende — Die Soldaten*) Deux charmants dessins au bistre.

83 — Vander Ulft. Vue de Rome. (*Collect. lord Spencer.*) J. Weeninx. Nature morte. Deux jolis dessins au bistre et à l'encre de Chine.

84 — André Sacchi. Salutation angélique. Dessin plein de sentiment, à l'encre de Chine.

85 — J. Breughel (*de Velours*). Paysage. Dessin à la plume lavé d'encre et d'indigo.

86 — Le Titien. Paysage. Dessin à la plume, d'une exécution remarquable. (*Rare.*) (*Collection Dimsdale.*)

87 — T. Zuccaro. Allégorie. Beau dessin au bistre rehaussé de blanc.

88 — David de Heem. Fleurs et fruits. Très-joli dessin à la pierre noire. (*Collection Woodburn.*)

89 — Horremans. *Le Burgmestre.—Le Concert.* Deux jolis dessins à l'encre de Chine.

90 — Van den Berghen. — A. Tassi. Paysages. Deux jolis dessins au bistre largement traités.

91 — Pierre de Hooghe. Intérieur d'une auberge. Joli dessin à l'encre de Chine et au bistre.

92 — LUCA GIORDANO. Le Jugement de Pâris. Belle esquisse à la plume.

93 — SWANEWELT (Herman). Charmant paysage à la plume et à l'encre de Chine. (*Collection Kaïcman.*)

94 — DELAFOSSE. Jésus devant Pilate. Beau dessin au bistre rehaussé de blanc. (*Collection Thibaudeau.*)

95 — DEBUCOURT. La Promenade dans le bois. Joli dessin aux trois crayons.

96 — SWEBACH. *L'Embarquement.* — *La Querelle.* Deux dessins à la plume.

97 — CASANOVA. Combat de cavalerie. Beau dessin à l'encre de Chine et au bistre.

98 — ISABEY. Portrait du prince Eugène de Beauharnais. Dessin à la plume et à la sépia, d'une grande finesse d'exécution.

99 — KAREL DUJARDIN. Paysage avec animaux. Charmant dessin à l'aquarelle. (*Collection Van Haaken.*)

100 — RAPHAEL SANZIO. Étude de tête d'enfant pour une Sainte Famille. Très-beau dessin à la pierre noire et à la sanguine sur papier bistré.

101 — VAN DE VELDE (Guillaume). — J. VAN STRY. Marine et paysage. Deux dessins à la sanguine et au bistre.

102 — INGRES. Jupiter caressé par une déesse de l'Olympe. Dessin à la plume légèrement lavé.

103 — PIERRE BREUGHEL (le Vieux). Halte de Bohémiens sous la tente. Dessin très-fin à la pierre noire.

104 — JACQUES CALLOT. Parade militaire. Dessin très-spirituellement fait à la plume.

105 — BOICHOT. Allégorie. Joli dessin à la plume et à l'encre de Chine rehaussé de blanc.

106 — PIERRE PUGET. Samson combat les Philistins. Beau dessin à la plume et à l'encre de Chine.

107 — P.-P. Rubens. Adoration des Mages. Dessin aux trois crayons.

108 — Swebach. La Chasse. Beau dessin à l'encre de Chine rehaussé de blanc.

109 — Do Campiglia. Mort de Lucrèce. Beau dessin à la pierre noire rehaussé de blanc. (*Collection Villenave.*)

110 — Claude Gelée. Paysage avec rochers et cascades. Dessin au bistre rehaussé de blanc.

111 — Rembrandt. Un Grand-Prêtre. Dessin à la plume et au bistre. (*Collection Flinck.*)

112 — Barbarelli (*le Giorgion*). Beau et curieux dessin en couleur rehaussé de blanc. (*Collection Villenave.*)

113 — C. Van Loo. Dieu ordonne à Abraham de lui sacrifier son fils. Dessin à la pierre noire lavé d'encre de Chine.

114 — Hubert Robert. — Bibiena. Monuments et ruines. Deux dessins au bistre.

115 — Van Miéris (Guillaume). Jeune Fille lisant. Effet de clair-obscur. Dessin à la pierre noire.

116 — Fielding. Canards auprès d'une mare. Charmant dessin à la sépia.

117 — Le Rosso. Beau dessin à la plume.

118 — Simon Vouet. Naissance de Jésus-Christ. Beau dessin à la pierre noire rehaussé de blanc.

119 — C. Procaccini. Adoration des Bergers. — Descente de croix. Deux dessins à la plume lavés de bistre et à la sanguine. (*Collection Vallardi.*)

120 — Waldorp. Marine. Très-beau dessin à l'aquarelle.

121 — Lemoine. Adieux d'Hector à Andromaque. Beau dessin à l'encre de Chine.

122 — Mazzuoli (*le Parmesan*). Funérailles d'un souverain. Dessin au bistre rehaussé de blanc sur parchemin.

123 — Natoire. Paysage avec ruines et animaux aux environ de Rome. Dessin au bistre rehaussé de blanc. (*Signé.*)

124 — J. G. Wille. Paysage avec animaux. Joli dessin à la sanguine.

125 — David Téniers. Scène flamande. Dessin légèrement lavé d'encre de Chine. (A été gravé.)

126 — Sabbatini (André). Elève de Raphaël. Beau dessin à la plume et au bistre. (*Collection Vallardi.*)

127 — L. Gallait. Trois dessins à la plume.

128 — Leprince. Jeune homme assis. Charmante étude aux crayons noir et blanc.

129 — Platzer (d'après Gérard Dow). L'Écolier gourmand. Charmant dessin à la pierre noire.

130 — Corneille Poelenburg. Jésus et la Samaritaine. Saint Jean. Deux dessins aux trois crayons.

131 — Murillo (Esteban). Moine en prière. Dessin à la plume et au bistre.

132 — F. Boucher. Scène pastorale. Charmant dessin à la sanguine. (*Collection Feuchère.*)

133 — Moucheron. Paysage avec cascade. Joli dessin à la plume et à l'encre de Chine.

134 — Moucheron. Paysage avec monuments. Beau dessin à la plume et à l'encre de Chine.

135 — A. Tempesta. Combat de cavalerie. Beau dessin à la sanguine.

136 — B. Peeters. Marine. Beau dessin à la plume légèrement lavé d'encre de Chine. (*Collection Révil.*)

137 — Lesueur. Dessin plein de sentiment pour un tableau religieux, à l'encre de Chine. (*Collection Sylvestre.*)

138 — A Allegri (*le Corrége*). Étude d'Anges à la sanguine.

139 — J. Holbein. Jésus devant les docteurs dans le Temple. Dessin très-curieux à la plume et au bistre.

140 — Poussin (Nicolas). Sacrifice antique. Dessin à la plume et au bistre.

141 — Breughel (Pierre). Paysage avec personnages. Beau dessin à la plume et au bistre lavé d'indigo.

142 — Bugiardini (1500), élève de Ghirlandaïo. Beau et rare dessin au bistre rehaussé de blanc.

143 — Van de Velde (Guillaume). Marine. Dessin très-spirituellement fait à l'encre de Chine.

144 — Le Primatice. Un *Autodafé*. Dessin à la plume et au bistre rehaussé de blanc.

145 — Antoine Watteau. Femme nue couchée. Dessin à la sanguine. (*Collection Sanby.*)

146 — Jean Steen. Halte de marchands devant une auberge. Dessin très-fin à la plume.

147 — Jules Romain. Un Saint et une Sainte entourés d'anges. Beau dessin au bistre rehaussé de blanc.

148 — Béga (Corneille). Scène de cabaret flamand. Beau dessin à la sanguine.

149 — Dreibholtz. Marine. Aquarelle.

150 — Fra Bartholomeo. Saint Luc écrivant l'Évangile. Dessin à la plume sur papier gris.

151 — P. Rembrandt. Agar et Abraham. Dessin à la plume.

152 — Le Bernin. Fragment de plafond et de corniche. Beau dessin au bistre.

153 — F. Sneyders. Etudes d'animaux à l'aquarelle.

154 — Schidone. Adoration des Mages. Beau dessin à la plume et au bistre. (*Collection Vallardi.*)

155 — Valenciennes. Paysage. Dessin au bistre.

156 — Jean Lievens. Portrait d'homme. Beau dessin à la plume lavé de bistre. (*Collection Van den Zande.*)

157 — Carle Maratte. Saint Sébastien. Dessin à la sanguine. (*Collection Vallardi.*)

158 — Corneille Schut. Neptune et Amphitryte entourés de naïades. Beau dessin aux trois crayons.

159 — Corneille Schut. La Cène. Dessin aux trois crayons.

160 — Koeckoeck. Marine. Aquarelle.

161 — Granacci (Francesco) (1500). Jésus discutant avec les docteurs. Beau dessin à la plume et au bistre. (*Rare.*)

162 — J. Stella. — Coriolan et Véturie. Beau dessin à l'encre de Chine rehaussé de blanc.

163 — Londonio. Bergers gardant un troupeau. Dessin à la pierre noire.

164 — Van Stry (Jacques). Paysage ou bord d'un canal, avec personnages. Dessin à la sépia.

165 — Calame. Paysage. Charmant dessin à la sépia.

166 — Daniel Ricciarelli (de Volterre). Jésus chez les Pharisiens. Dessin à la sanguine. (*Collection Vallardi.*)

167 — Ferdinand Bol. Portrait d'un cardinal. Joli dessin à la plume et à l'encre de Chine. (*Collection T. Witsen.*)

168 — Érasme Queilinus. Un Missionnaire prêchant en Orient. Dessin à l'encre de Chine rehaussé de blanc.

169 — P. Testa. Deux dessins à la plume.

170 — Le Corrége. Tête d'étude d'après Raphaël. Dessin aux trois crayons.

171 — Van Uden. Pagsage à la plume et à l'encre de Chine mêlée de bistre.

172 — Raphael Sanzio. Un Évêque à genoux. Dessin à la sanguine. (*Collection Woodburn.*)

173 — BRAMER (Léonard).—KLOMP (Albert), élève de P. Potter. Deux jolis dessins à l'encre de Chine.

174 — GUIDO RENI. Le Christ en croix. Joli dessin à la plume, légèrement lavé. (*Collection Zanetti.*)

175 — SMIRKE (Robert), de Bristol. Élève de Th. Lawrence. — Diane au bain. Aquarelle.

176 — LE TITIEN. — ANDRÉ DEL SARTE. — AUG. CARRACHE. Trois jolis dessins à la plume et aux trois crayons.

177 — CLAUDE GELÉE (*Le Lorrain*). Étude de paysage avec ruines. Dessin à la plume et au bistre.

178 — LE ROSSO. Femmes nues. MURILLO. Moine. Deux dessins au bistre. (*Collection Th. Dimsdale*).

179 — CARLE MARATTE. La Vierge et l'Enfant Jésus entourés de chérubins. — C. PROCACCINI. Vénus et Adonis. — Deux jolis dessins à la plume et au bistre, rehaussés de blanc.

180 — SWANEVELT (Herman). — GRIMALDI (*Bolognèse*). Paysages. Deux jolis dessins à la sanguine et au bistre.

181 — FRA BARTHOLOMEO. Communion de Saint Jérôme. Beau dessin au bistre sur parchemin. (*Coll. Woodburn.*)

182 — HOUEL. Paysage. Joli dessin à la sépia.

183 — SCIAMINOSI. — O FIALETTI. Deux dessins à la plume et au bistre. (*Collection Villenave.*)

184 — SCHELLINKS. Paysage. Dessin à la pierre noire, lavé d'encre de Chine.

185 — ROMBORGH (1650), élève de Moucheron. Paysage à l'aquarelle. — BREEMBERG. Paysage à la plume. Deux dessins.

186 — ZUCCARO. Un Concile. Beau dessin à la plume et au bistre. (*Collection Hazard.*)

187 — F. SNEYDERS. Étude de lions. Beau dessin à l'encre de Chine mêlée de bistre.

188 Van der Cabel. — Antonissen (maître d'Ommegank).

189 — Lanfranc. Allégorie. Beau dessin à la plume et au bistre.

190 — J. de Witt. L'Échelle des anges. Joli dessin à la sanguine. (*Collection Van Gol.*)

191 — Caccianemici (élève du Parmesan). Sacrifice antique. Beau dessin à la plume.

192 — Stalbent. Paysage à la plume et au bistre, lavé d'indigo.

193 — Tassi (Augustin). Paysage. — Van Thulden. — Zaïs. Quatre dessins à la plume et au bistre.

194 — Audran. Combat de cavalerie. Beau dessin à la plume sur papier bistré.

195 — Goltzius. Chasse au cerf. Beau dessin à la plume et au bistre.

196 — J. Palma. Crucifiement de Saint André. Dessin à la plume et au bistre. (*Collection Villenave.*)

197 — Valenciennes. Paysags. Beau dessin à l'encre de Chine, rehaussé de blanc.

198 — Cassolani. Sacrifice à Junon. Charmant dessin à la plume et au bistre.

199 — Antonin Moine. — Leroy. Deux dessins à l'encre et à l'aquarelle.

200 — Raphael Mengs. Jeunes filles dansant. Gracieux dessin à l'aquarelle.

201 — De Machy. Vue d'un château fort. Beau dessin à l'encre de Chine, rehaussé de blanc.

202 — Lagrenée. — Ant. Dieu. Deux dessins à l'encre de Chine et au bistre, rehaussés de blanc.

203 — Asselyn. Vue d'un port en ruines sur le Tibre. Dessin à l'encre de Chine.

204 — VALENTIN LEFÈVRE. — NICOLAS LOYR. Deux dessins à la plume et à l'encre de Chine.

205 — LUCA GIORDANO. — CARLE MARATE. — TIEPOLO. Trois dessins à la plume et à la pierre noire.

206 — LEFÈVRE. Jupiter et Léda. Dessin à la mine de plomb.

207 — L. GALLAIT. Intérieur turc. Dessin à la mine de plomb.

208 — VERBOECKHOVEN. Animaux. Joli dessin à la mine de plomb.

209 — TONY JOHANNOT. — BEAUMONT. — GEIRNAERT. Trois dessins à la mine de plomb.

210 — BELLANGÉ. — DEVERIA. — DENOBELE. Quatre dessins à la mine de plomb.

211 — CHARLET. Mendiants. Deux dessins à la mine de plomb.

212 — PASSAROTTI. Moïse et Aarou. Grand et beau dessin à la plume, lavé d'encre de Chine.

213 — LAFAGE. Allégorie. Grand et beau dessin à la plume. (*Collection Saint-Maurice.*)

214 — BUTAY (1760). Composition religieuse. Dessin à la plume et à l'encre de Chine.

215 — LE BERNIN. — MEYNARD. Etudes académiques. Deux dessins à la sanguine.

216 — BOISSELIER. — SCHALCH. — RENARD. Paysages. Trois dessins.

217 — DUMING. — ZAÏS, etc. Cinq dessins.

218 — Monuments, etc. Études d'architecture. Cinq dessins à l'encre de Chine.

219 — Monuments. Études d'architecture. Sept dessins.

220 — Croquis divers. Seize dessins.

RENOU et MAULDE, imprimeurs de la Compagnie des Commissaires Priseurs, rue de Rivoli, 144. 40488

2 30 - 35 10 dessins

4 46 - 48 - 49 - 50 — 10 dessins

2 25 - 51 - 57 - 90 — 100 - 102 - 122 Bis 10 dessins

Mᵉ DELBERGUE CORMONT

COMMISSAIRE - PRISEUR

Rue de Provence, N.° 8.

BORDEREAU D'ADJUDICATION

Vente

M. Vigneris

Rue

Imp. Nachmann & Montmartre 39.

Articles du procès verbal	Numéros du Catalogue	Le 19 Avril 1861	F.	C.	F.	C.
	98				3	
						1
					4	1

à Reporter

Pour acquit
Mourard

Articles du procès verbal	Numéros du Catalogue	Le 186	F.	C.	F.	C.
		Report d'autre part				

www.ingramcontent.com/pod-product-compliance
Ingram Content Group UK Ltd.
Pitfield, Milton Keynes, MK11 3LW, UK
UKHW020538180726
13839UKWH00006B/2586